Selbstversorgung kann jeder!

Wie Sie im heimischen Garten Ihre eigene Ernährungsgrundlage anbauen und nie wieder einen Supermarkt aufsuchen müssen

Emilia Busch

✤ INHALT

Selbstversorgung kann jeder!

Der Traum vom Selbstversorgergarten ist mittlerweile weit verbreitet. Früher war es normal, Gemüse und Obst für den täglichen Bedarf im eigenen Garten anzubauen. Beinahe jeder hatte ein kleines Gemüsebeet und einige Obstbäume hinter dem Haus. Man beherrschte die Fähigkeit des Haltbarmachens und wusste, welche Pflanzen man zu welcher Jahreszeit sähen und ernten konnte.

Als meine Urgroßmutter noch lebte, war es normal, dass unsere Zucchini, Tomaten, Bohnen und Kürbisse aus dem eigenen Garten kamen. Allerdings wurde es für die meisten Menschen mit den Jahren immer normaler, Obst und Gemüse einfach im Supermarkt zu kaufen und nicht mehr selbst anzubauen.

Heutzutage geht der Trend wieder in Richtung Selbstversorgung. Immer mehr Menschen bauen wieder selbst Nahrungsmittel im Garten an und was früher ganz normal war, ist heute ein Lifestyletrend geworden.

Wenn auch Sie den Wunsch haben, mehr aus Ihrem Garten oder Balkon zu machen, dann haben Sie genau den richtigen Ratgeber dafür in der Hand. In diesem Buch erfahren Sie, was es überhaupt bedeutet, Selbstversorger zu sein, und wie Sie Schritt für Schritt aus Ihrem eigenen Garten Ihren persönlichen Biomarkt zaubern.

Neben den Grundlagen und theoretischem Wissen rund um das Anbauen, Pflegen und Ernten von Obst und Gemüse finden Sie auf den nächsten Seiten auch viele hilfreiche Tipps und Tricks, wie Sie auch ohne Erfahrung sofort mit Ihrem Selbstversorgergarten starten können.

Die Planung

Das Wichtigste, wenn Sie vom Selbstversorgerglück träumen, ist das Anfangen. So viele Menschen träumen – setzen ihre Träume aber nie in die Realität um. Man möchte dem stressigen Alltag entfliehen, sich den Gang in den Supermarkt sparen und zu seinen natürlichen Wurzeln zurückkehren.

Gehören Sie jetzt zu den Menschen, die einen Schritt in Richtung Selbstversorgung machen und einfach anfangen. Es ist nicht relevant, wo Sie leben oder wie viel Budget Sie für Ihr Projekt zur Verfügung haben. Es gibt keine Ausreden mehr, denn selbst mit sehr geringem Aufwand können Sie bereits tolle Resultate erzielen.

Um mit möglichst wenig Aufwand Ihre Ziele zu erreichen, ist es hilfreich, wenn Sie sich erst einmal selbst fragen, was Sie erreichen möchten, und Ihre Ziele festlegen. Wie sieht Ihr Traum konkret aus? Warum möchten Sie diese Ziele erreichen? Sich diese Fragen einmal selbst genau zu beantworten wird helfen, auf direkterem Wege ans Ziel zu gelangen und unterwegs nicht aufzugeben.

Um Ihre Pläne zu konkretisieren, können Sie sich selbst fragen, was es für Sie eigentlich bedeutet, Selbstversorger zu sein, und wie Sie sich Ihren Alltag als Selbstversorger vorstellen. Für jeden kann dieser Traum anders aussehen und andere Prioritäten haben. Am wichtigsten ist es, zu definieren, was Sie sich von einem Leben als Selbstversorger erhoffen, wie dieser Wunsch mit Ihrer jetzigen Lebenssituation vereinbar ist und was Sie eventuell ändern müssen, um ihn zu verwirklichen.

Überfordern Sie sich nicht selbst und versuchen Sie nicht, Ihr komplettes Leben auf den Kopf zu stellen. Mit kleinen bedachten Schritten erreichen Sie Ihre Ziele meist schneller als mit überstürzten

Entscheidungen. Dennoch kann es hilfreich sein, auch über die nächsten zwei bis fünf Jahre nachzudenken. Vielleicht möchten Sie in den nächsten Jahren umziehen oder eine Familie gründen. Viele Faktoren können wichtig für Ihren Plan sein. Ein Garten ist etwas Beständiges, das man nicht einfach mitnehmen kann, wenn man seinen Wohnort wechselt.

DIE WICHTIGSTEN FRAGEN VORWEG

Was ist eine Permakultur?

Wenn man über Selbstversorgung spricht, fällt immer wieder der Begriff Permakultur. Aber was ist das eigentlich und wie hängt das mit der Selbstversorgung zusammen?

Eine Permakultur bezeichnet eine Planungsweise in der Landwirtschaft bzw. in der Gartenbewirtschaftung, bei der die bebaute Fläche permanent, also das ganze Jahr über, bepflanzt und genutzt wird. Das Wort „Permakultur" leitet sich von dem Wort „permanent" (nachhaltig) und „agriculture" für Landwirtschaft ab. Bei einer Permakultur geht es vor allem darum, das Land im Einklang mit der

Natur zu bebauen und der Erde dabei keinen Schaden zuzufügen. Man macht sich die natürlichen Abläufe und Gegebenheiten zunutze und entwickelt so ein Kreislaufsystem, das auf den eigenen Garten und die eigenen Bedürfnisse zugeschnitten ist. Um einen Permakulturgarten anzulegen, brauchen Sie etwas Geduld, dafür aber wenig zusätzliche Materialien. Die Permakultur ist auch für Menschen, die viel arbeiten und verhältnismäßig wenig Zeit haben, einen Garten zu bewirtschaften, sehr gut geeignet, da man mit wenig Aufwand einen hohen Ertrag erzielen kann.

Entwickelt wurde die Permakultur von Bill Mollison und seinem Schüler David Holmgreen. Die Idee, ein landwirtschaftliches System im Einklang mit der Natur zu entwickeln, haben Mollison und Holmgreen von australischen Ureinwohnern übernommen. Dort erlernten sie einen respektvollen und nachhaltigen Umgang mit der Natur. Der Kerngedanke der Permakultur basiert deshalb vor allem auf naturnahen Kreisläufen, auf Achtsamkeit und auf der Wahrung der natürlichen Ressourcen, ohne die Natur auszubeuten.

Ebenfalls bekannt für seine Forschung in der

Permakultur ist der Mikrobiologe Masanobu Fukuoka aus Japan. Er ließ sich als Bauer nieder und verfasste mehrere Werke, die heute als Standardwerke der Permakultur gelten. Die von ihm entwickelte landwirtschaftliche Methode bezeichnet er als „Nicht-Tun-Landwirtschaft". Fukuoka entwickelte auch die heute weitverbreiteten „Samenbomben", die gerne auch in der Guerillagärtnerei-Bewegung verwendet werden. Fukuoka macht sich genau das zunutze, was auch für die Selbstversorgung ein großer Vorteil ist. Er kombiniert gezielt verschiedene Pflanzen, die sich im Wachstum nicht gegenseitig behindern, sondern sogar unterstützen, und lässt so die Natur für sich arbeiten. Besonders wichtig ist dabei das ökologische Gleichgewicht, das dafür sorgt, dass man in einem Permakultur-Garten weder düngen noch umgraben muss. Im Optimalfall muss man bei so einem Konzept lediglich aussähen und ernten. Die Bekämpfung von Schädlingen und das Düngen erledigt die Natur für einen.

Das Prinzip der Permakultur beinhaltet allerdings nicht nur ökologische Elemente, sondern auch ethnische. Mollison und Holmgreen definierten drei grundlegende ethnische Prinzipien, die der

Landwirtschaft zugrunde liegen sollten:

1. Trage Sorge für die Natur (Care of the Earth)
2. Trage Sorge für die Menschen (Care of the People)
3. Teile fair und setze Grenzen für den Konsum (Fair Share)

Für den respektvollen und nachhaltigen Umgang mit Rohstoffen haben die beiden Wissenschaftler nach den Prinzipien der „fünf R´s" gehandelt:

1. Refusing: Allen überflüssigen Konsumgütern widerstehen
2. Reducing: Material, Müll und Energie auf ein Minimum reduzieren
3. Reusing: Dinge mehrfach verwenden
4. Repairing: Dinge reparieren, anstatt sie neu zu kaufen
5. Recycling (Upcycling): Dinge wiederverwenden bzw. umfunktionieren

Die Prinzipien der Permakultur ermöglichen Ihnen also ein möglichst stressfreies, einfaches Gärtnern und dennoch hohe Erträge. Zudem tun Sie nicht nur sich selbst etwas Gutes, sondern auch unserem Planeten. Sie können getrost auf teure Gartenhelfer verzichten und mit natürlichen Ressourcen einen tollen Bio-Garten anlegen. Die Grundlagen und die Idee der Permakultur eignen sich für jeden, der Gemüse und Obst zum eigenen Verbrauch anbauen möchte.

Selbst, wenn Sie nur auf dem Balkon gärtnern möchten, sind die Grundprinzipien der Permakultur für Sie nützlich.

Mit das Wichtigste ist die vorausschauende Planung. Nur, wenn Sie sich im Vorhinein auch einen längerfristigen Plan machen, können Sie nachhaltig und auf einfachstem Wege eine gute Ernte einfahren. Schauen Sie sich Ihren Garten einmal genau an und beobachten Sie zum Beispiel die Sonneneinstrahlung. Gibt es große Flächen mit durchgehender Sonneneinstrahlung oder liegt ein großer Teil des Gartens hauptsächlich im Schatten? Wie verändert sich Ihr Garten im Laufe des Jahres?

Nur, wenn Sie Ihren Garten kennen, wissen, was er bieten kann und was eventuell noch beachtet werden muss, können Sie das Potenzial voll ausschöpfen.

Auf den nächsten Seiten finden Sie Tipps zu

vielen tollen Pflanzenarten, die sich in unseren Breitengraden hervorragend entwickeln. Wenn Sie Ihren Garten gut kennen, dann wird es Ihnen viel leichter fallen, einen Plan für Ihren Selbstversorgergarten zu erarbeiten.

Was ist Selbstversorgung?

Grundsätzlich versteht man unter einem Selbstversorger jemanden, der versucht, sich selbst-zu-versorgen, sprich, von eigenem Anbau und eigener Tierhaltung zu leben. Selbstversorgung hat allerdings auch ein sehr breit gefächertes Spektrum. Viele Menschen streben danach, autonom, also unabhängig von anderen Personen, Gemeinschaften oder Institutionen, zu leben.

Man wendet sich vom Massenkonsum ab und einer natürlichen Lebensweise zu. Hundertprozentige Selbstversorgung beinhaltet neben dem Anbau von Pflanzen und dem Halten von Tieren auch das Herstellen von Kleidung und Gegenständen des täglichen Gebrauchs. Selbstversorger versprechen sich davon vor allem mehr Freiheit und Unabhängigkeit. Allerdings ist ein völlig autonomes Leben, also eine hundertprozentige Selbstversorgung, in unserer modernen Welt kaum möglich. Deshalb ist meist nicht von völliger Selbstversorgung die Rede, sondern eben von einem Grad der Selbstversorgung, den jeder für sich selbst wählt und an das eigene Leben anpasst.

Für die einen ist Selbstversorgung, das Gemüse nicht mehr im Supermarkt zu kaufen, sondern selbst anzubauen, und für den anderen gehören auch tierische Produkte und Fleisch dazu.

Aber auch Selbstversorgung mit Kräutern und bestimmtem Gemüse vom Balkon ist möglich. Am wichtigsten ist jedoch, dass Selbstversorgung heutzutage nicht mehr der Lebensnotwendigkeit der Beschaffung von Nahrung unterliegt, sondern Ihnen Spaß machen soll. Denn wer keinen Spaß an seinem Garten oder Balkon hat, der wird schnell wieder aufgeben. Selbstversorgung war früher überlebenswichtig, aber heute ist es ein Trend, der den Menschen Spaß macht und in der heutigen hektischen und stressigen Zeit eine meditative Wirkung hat. Sie werden sehen, wie gut es sich anfühlt und was es für eine Freude bereitet, die ersten Tomaten oder Paprika aus eigenem Anbau in den Händen zu halten.

Welche Grundausstattung braucht man?
Grundsätzlich kommt das vor allem darauf an, was

Sie machen möchten. Möchten Sie Gemüsebeete anlegen oder etwas auf dem Balkon anpflanzen? Haben Sie vor, Tiere zu halten oder nicht? Wenn Sie sich selbst diese Fragen beantwortet haben, dann ist es relativ einfach, herauszufinden, was Sie für Ihr Vorhaben benötigen. Eine Grundausstattung an Gartengeräten ist grundsätzlich nützlich, wenn Sie einen Garten zur Verfügung haben. Allerdings ist hier weniger mehr und auch einfache Geräte reichen völlig aus. Im Folgenden möchte ich Ihnen einige nützliche Utensilien aufzählen, die sicher in jedem Garten Verwendung finden:

- Beete, Hochbeete oder Pflanzgefäße
- Gartengeräte (Schaufel, Harke, Rechen, Gießkannen)
- Regentonne
- einen trockenen Lagerort für Geräte
- Gewächshaus
- Haushaltsgeräte und Küchenhelfer (zum Haltbarmachen und Verarbeiten)
- Kompost
- trockener und kühler Lagerort für Nahrungsmittel

Denken Sie allerdings immer daran, dass Sie nicht alles neu kaufen müssen. Vieles kann man auch selbst bauen und eventuell auf dem Flohmarkt kaufen. Hochbeete kann man beispielsweise auf verschiedenste Weise aus alltäglichen Materialien bauen und als Pflanzgefäße eignet sich so einiges. Einen Geräteschuppen kann man mit etwas handwerklichem Geschick auch selbst bauen und ein Gewächshaus ist sehr schnell aus Plastikfolie und Dachlatten errichtet. Schauen Sie sich also einmal in Ihrem Garten und Ihrem Haushalt um. Vielleicht finden Sie einige der Materialien und Geräte ganz ohne eine zusätzliche Anschaffung.

Wie viel Gartenfläche wird benötigt?

Erst einmal kommt es darauf an, mit wie viel Gemüse und Obst Sie starten möchten. Um zu errechnen, wie viel Platz Sie benötigen, ist es vor allem wichtig, den eigenen Bedarf zu kennen.

Hierfür erkläre ich Ihnen im nächsten Kapitel, wie Sie herausfinden, was Sie eigentlich an Nahrungsmitteln verbrauchen. Neben dem eigenen Bedarf und der Anzahl der Personen, die von Ihrem Garten leben sollen, spielen weitere Faktoren eine Rolle. Beispielsweise hängt der Ertrag Ihrer Beete mit der Bodenqualität des bebauten Landes zusammen. Ist der Boden Ihres Gartens eher nährstoffarm, kann das schon dazu führen, dass die Ernte geringer ausfällt. Auch die Verfügbarkeit von Wasser und die tägliche Anzahl an Sonnenstunden spielen eine Rolle. A

llerdings stehen Sie mit Ihrem Selbstversorgergarten wahrscheinlich noch ganz am Anfang, weshalb man einige Faktoren erst einmal getrost ignorieren kann. Sie werden bereits nach kurzer Zeit merken, wie Ihr Garten geschaffen ist und was Sie beachten müssen. Welche Gartengröße für Sie ideal ist, werden Sie mit der Zeit ebenfalls herausfinden.

Pauschal kann man sagen, dass man pro Person ca. 100 m^2 Beetfläche benötigt, um Sie das ganze Jahr lang mit Gemüse zu versorgen. Kartoffeln, Getreide und Ölfrüchte sind hierbei nicht miteingerechnet. Damit man die Beete gut bewirtschaften kann, sollte man noch ca. 20 % Fläche für Wege dazurechnen. Auch für Obstbäume und Sträucher wird zusätzlich Platz benötigt.

Eigene Ziele festlegen

Nachdem die grundlegenden Fragen nun geklärt sind, sollten Sie von der Theorie in die tatsächliche Planung übergehen. Definieren Sie Ihre Ziele. Was wollen Sie anbauen? Wie viel möchten Sie anbauen? Und wo wollen Sie Ihre Beete anlegen?

Überlegen Sie sich genau, was Sie mit Ihrem Garten erreichen wollen, und legen Sie Ihre Ziele klar fest. Je definierter Sie Ihr Ziel vor Augen haben, desto einfacher wird es später, den Plan in die Tat umzusetzen.

Außerdem kann Ihnen das helfen, bei

Rückschlägen weniger schnell die Flinte ins Korn zu werfen. Ein klares Ziel stärkt Ihre Motivation und das Durchhaltevermögen.

EIGENBEDARF ERRECHNEN

Der erste Schritt der Planung Ihres Selbstversorgergartens ist, den Eigenbedarf zu ermitteln. Hierbei sollten Sie sich vorweg Gedanken darüber machen, wie viel des eigenen Bedarfs an Obst und Gemüse Sie selbst anbauen möchten. Hinzu kommt die Frage, wie umfangreich die Selbstversorgung sein soll.

Möchten Sie nur Obst und Gemüse selbst anbauen oder möchten Sie auch Kartoffeln, Getreide, Ölfrüchte und tierische Produkte aus eigener Herstellung verwenden? Überlegen Sie sich, ob es Ihnen für den Anfang reicht, den Sommer über frisches Gemüse und Obst aus dem Garten zu haben, oder ob Sie auch im Winter das Beste aus Ihrem Garten herausholen möchten. Haben Sie sich über diese Dinge Gedanken gemacht, dann können Sie sofort damit beginnen, Ihren eigenen Bedarf aufzuzeichnen.

Wahrscheinlich denken Sie sich jetzt, dass Sie das doch auch gut schätzen können, allerdings weicht der eigentliche Verbrauch sehr häufig vom geschätzten Verbrauch ab. Das liegt vor allem daran, dass die meisten Lebensmittel einfach so im Supermarkt zur Verfügung stehen und man sich normalerweise kaum Gedanken darüber macht, von was man wie viel in einer bestimmten Zeitspanne verbraucht.

Die meiner Meinung nach einfachste und beste Methode ist, über einen bestimmten Zeitraum ein Haushaltstagebuch zu schreiben. Dort notieren Sie, wie viel Sie von welchem Gemüse und Obst verbrauchen, und nach drei Monaten oder einem halben Jahr können Sie sich mithilfe Ihrer Notizen errechnen, wovon Sie wie viel in einem Jahr verbrauchen.

> **Tipp:** Schreiben Sie nicht nur Obst und Gemüse in Ihrem Haushaltstagebuch auf. Es ist äußerst spannend, zu sehen, was man über einen bestimmten Zeitraum verbraucht, und das hilft, den eigenen Lebensmittelkonsum besser einschätzen zu können.

Natürlich soll dieses Tagebuch Sie nicht daran hindern, sofort loszulegen, aus Ihrem Garten ein Bio-Paradies zu machen. Auch, wenn Sie Ihren genauen Verbrauch noch nicht kennen, können Sie bereits jetzt beginnen, Ihren Garten anzulegen. Und wie Sie damit am besten anfangen, erfahren Sie direkt im nächsten Kapitel.

EINEN ANBAUPLAN ERSTELLEN

Ein Anbauplan ist eine aufs gesamte Jahr ausgedehnte Planung, was Sie wann aussäen und ernten. Der Anbauplan ist besonders wichtig, damit sich Ihre Pflanzen nicht gegenseitig in die Quere kommen und es zu keiner Zeit ungenutzte Beete gibt.

Ihr Anbauplan sollte auch enthalten, wie viel Sie wovon anpflanzen und wo. Generell ist es ein Irrglaube, dass „Gartensaison" nur im Frühjahr und Sommer ist. Eigentlich ist das ganze Jahr über Gartensaison, wenn man geschickt anbaut. Auch im Winter gibt es viele Sorten, die Frost aushalten und auch zu dieser kalten Jahreszeit geerntet werden können. Im Folgenden möchte ich Ihnen einige Aspekte aufzeigen, die Sie beachten sollten, damit Sie sobald wie möglich eine möglichst ertragreiche Ernte genießen können.

Langfristig planen

Wenn Sie mit der Planung Ihres Obst- und Gemüse-
gartens beginnen, sollten Sie als Erstes in die Zu-
kunft schauen. Gemüse hat eine relativ kurze Zeitspanne zwischen Aussaat und Ernte, aber das meiste
Obst wächst an Bäumen und Sträuchern. Wenn man
diese pflanzt, dauert es einige Jahre, bis sie eine or-
dentliche Menge an Früchten tragen.

Ein Apfelbaum beispielsweise trägt erst ab drei
bis fünf Jahren überhaupt Früchte und erbringt den
meisten Ertrag, wenn er zehn bis dreißig Jahre alt ist.
Je nach Sorte bringt ein Pflaumenbaum nach drei bis
fünf Jahren Früchte hervor und ein Walnussbaum
trägt erst ab zehn bis zwanzig Jahren Früchte. Auch
Beerensträucher benötigen Zeit, um eine nennens-
werte Menge an Früchten zu tragen.

Je nach Sorte kann es ein bis drei Jahre dauern,
bis Sie überhaupt Himbeeren, Brombeeren oder Jo-
hannisbeeren ernten können. Sie sehen, dass es sich
lohnt, frühzeitig daran zu denken, was Sie später einmal aus dem eigenen Garten ernten möchten. Natürlich können Sie auch Bäume einpflanzen, die bereits
ein bestimmtes Alter erreicht haben, um schneller
ernten zu können. Das bleibt ganz Ihnen überlassen.

Fruchtfolgen

Für einen ertragreichen und gesunden Garten ist die Fruchtfolge ein ganz wichtiger Faktor. Fruchtfolge bedeutet, dass Sie an den verschiedenen Stellen in Ihren Beeten jedes Jahr ein anderes Gemüse anbauen.

Diese Methode hat sich bereits im Mittelalter bewährt und wird bis heute gerne angewandt. Die Menschen im Mittelalter haben festgestellt, dass sich der Ertrag stark erhöht, wenn man die sogenannte Dreifelderwirtschaft anwendet. Hierbei wurden in jedem Jahr drei von vier Feldern bewirtschaftet und das vierte als Viehweide genutzt. So kann sich der Boden in einem Feld erholen und regenerieren. Zudem haben die Tiere immer ein Feld gedüngt. Im nächsten Jahr wird dann das brachliegende Feld wieder bewirtschaftet und ein anderes ist frei. Heutzutage wendet man vor allem die Vierfelderwirtschaft an, bei der in jedem Jahr für ein Feld eine Gründüngung vorgesehen ist, damit sich das Land erholen kann.

Eine Fruchtfolge für einen Gemüsegarten im kleinen Stil festzulegen, ist überhaupt nicht schwer. Sie sollten zunächst auflisten, welches Gemüse Sie anbauen möchten, und dann herausfinden, zu welcher Pflanzenfamilie es gehört und welche Nährstoffe das jeweilige Gemüse benötigt. Im Folgenden stelle ich Ihnen einige Pflanzenfamilien vor und nenne Beispiele:

- Baldriangewächse: Feldsalat
- Doldenblütler: Karotten
- Gänsefußgewächse: Spinat und Mangold
- Korbblütler: Kopfsalat
- Kreuzblütler: Kohl
- Kürbisgewächse: Zucchini, Kürbis, Landgurke
- Schmetterlingsblütler: Buschbohnen
- Nachtschattengewächse: Tomate, Paprika
- Liliengewächse: Zwiebeln, Knoblauch

Haben Sie die Familien Ihrer Gemüsesorten bestimmt, dann müssen Sie herausfinden, ob die jeweiligen Gemüse Starkzehrer, Mittelzehrer oder Schwachzehrer sind. Diese Bezeichnung gibt an, ob ein Gemüse viele oder wenige Nährstoffe benötigt.

> **Tipp:** Teilen Sie Ihre Beete nach den drei Nährstoff-typen ein. So ist jedes Beet ideal an die Bedürfnisse der Gemüsesorten angepasst. Die Pflege des einen Gemüses unterstützt das Gemüse, das Sie danach in diesem Beet anbauen, nachhaltig und Sie können so Ihre Ressourcen ideal nutzen und Zeit sparen.

Haben Sie herausgefunden, zu welcher Familie Ihr Gemüse gehört und ob es ein Schwach-, Mittel- oder Starkzehrer ist, können Sie mit der Planung der Fruchtfolge beginnen. Hierbei gibt es einige wichtige Regeln zu beachten, damit Sie das Potenzial Ihres Bodens und Ihrer Pflanzen voll ausschöpfen können. Die wichtigste dieser Regeln ist, darauf zu achten, dass Sie niemals Pflanzen aus derselben Pflanzenfamilie in ein Beet setzen. Die zweite Regel ist, dass man nach Starkzehrern in einem Beet Mittelzehrer anbaut und nach Mittelzehrern Schwachzehrer. Haben Sie in einem Beet beispielsweise im ersten Jahr Möhren (Doldenblütler; Mittelzehrer) angebaut, können Sie in diesem Beet im zweiten Jahr wunderbar Buschbohnen (Schmetterlingsblütler; Schwachzehrer) anbauen.

Sich beim Bepflanzen Ihrer Beete an diese

Regeln zu halten, bringt Ihnen viele Vorteile und es vereinfacht die Selbstversorgung nachhaltig. Die unterschiedlichen Gemüsepflanzen ziehen je nach Bedarf verschiedene Nährstoffe aus dem Boden und eine Fruchtfolge verhindert, dass der Boden ausgelaugt wird und ermüdet.

Zudem verhindert der wechselnde Anbau, dass sich Krankheiten schnell ausbreiten können, denn Schädlinge sind keine Fans der Fruchtfolge. Damit dem Boden wieder neue Nährstoffe zugefügt werden, plant man jedes Jahr für ein Beet Gründüngung ein. Das bedeutet, man sät dort Pflanzen, die den Boden wieder mit Nährstoffen anreichern, damit die Bodenqualität bis zur nächsten Bebauung wieder steigt. Hierbei werden Pflanzen gewählt, die nicht abgeerntet werden, wodurch viel organisches Material im Beet verbleibt. Pflanzen, die zur Gründüngung geeignet sind, sind beispielsweise Ölrettich oder Sonnenblumen. Sie haben tiefe Wurzeln und lockern so den Boden auf. Zudem sehen sie schön aus und locken Bienen und Hummeln an.

> **Tipp:** Es gibt spezielle Saatmischungen zur Gründüngung. Diese enthalten verschiedene gut geeignete Pflanzen und die unterschiedlich langen Wurzeln erreichen jede Ecke Ihres Beetes.

ARTEN UND SORTEN

Damit Sie einen Überblick bekommen, wie groß Ihre Möglichkeiten in Sachen Gemüse aus dem eigenen Garten sind, möchte ich im Folgenden einige der beliebtesten und für Anfänger geeigneten Pflanzen vorstellen.

Tomaten

Tomaten sind sehr weit oben auf der Beliebtheitsskala. Das liegt wahrscheinlich daran, dass man mit wenig Aufwand einen sehr hohen Ertrag erzielen kann und das Anbauen von Tomaten sehr einfach ist. Ursprünglich stammt die Tomatenpflanze aus Südamerika und sie wurde im 16. Jahrhundert nach Europa gebracht. Faszinierend ist, dass man sie vorerst als Zierpflanze anbaute und erst erheblich später bemerkte, dass die roten Früchte so köstlich sind.

Tomaten benötigen einen nährstoffreichen Boden und einen sonnigen Standort. Zudem sollten sie vor Wind und Regen geschützt sein, weil die langen dünnen Stiele der Tomate schnell abknicken. Wenn Sie Ihre Tomaten auf der Terrasse oder dem Balkon in Pflanzenkübeln anbauen, sollten Sie unbedingt Staunässe vermeiden. Das mögen die Pflanzen überhaupt nicht. Tomaten bieten viele Möglichkeiten, weil man sie in einem Beet, in Kübeln oder im Gewächshaus pflanzen kann. Wenn Sie sich für Pflanzenkübel entscheiden, sollten Sie beachten, dass ein Kübel für eine Pflanze mindestens 10 l Fassungsvermögen hat.

Tipp: Das Großartige an Tomaten ist, dass es extra kleinwüchsige Sorten gibt und somit wirklich jeder Tomaten anpflanzen kann. Ich freue mich jedes Mal, wenn ich durch die Stadt gehe und auf den Fensterbänken kleine Tomatenpflanzen sehe. Nur weil man in einer Großstadt lebt, heißt das nicht, dass man kein Gemüse anbauen kann.

Möchten Sie die Tomaten selbst sähen, empfiehlt es sich, dies Mitte März zuhause in Anzuchttöpfchen zu machen. Tomatenpflanzen brauchen Wärme, um zu keimen – dies tun sie nach ca. 10-14 Tagen. Wie bereits erwähnt, neigen Tomatenpflanzen dazu, leicht umzufallen oder abzuknicken, deshalb sollten Sie die Jungpflanzen ziemlich tief einpflanzen, damit sich Adventivwurzeln bilden können. Diese stützen die Pflanze und verhindern, dass sie umfällt. Vorgezogene Pflanzen können ab Ende April/Anfang Mai nach draußen gepflanzt werden. Sollte allerdings noch Frost drohen, müssen Sie abgedeckt werden. Hierfür eignet sich Pflanzenvlies am besten. Wenn Sie die Tomaten direkt ins Beet aussäen möchten, ist der perfekte Zeitpunkt dafür Mitte Mai.

> **Tipp:** Als Beet-Nachbarn eignen sich für Tomaten vor allem Salat, Kohl, Knoblauch und Kohlrabi und als Nachbarn ungeeignet sind Fenchel, Gurken, Kartoffeln und Erbsen.

Tomatenpflanzen sind zwar gut für Anfänger geeignet, brauchen aber dennoch jeden Tag ein paar Minuten Ihrer Zeit. Wenn Sie Ihre Tomaten im Freien stehen haben, können Sie sie mit einem Tomatenvliesschlauch vor Regen, Kälte, zu viel Hitze, Schädlingen und Hagel schützen.

Er ist aus nachwachsenden Rohstoffen und

somit viel ökologischer als Plastikfolie. Außerdem brauchen die Pflanzen spätestens, wenn sie Früchte bilden, Halt durch Bambusstäbe oder Metallstangen. Binden Sie die Pflanze daran fest und achten Sie darauf, dass sie immer gut gestützt ist und die Stängel nicht abknicken. Viele Tomaten gehören zu den Starkzehrern und sollten deshalb mit Kompost gedüngt werden.

Gurken

Aus dem Supermarkt kennen wir vor allem Schlangengurken. Diese sind allerdings sehr schwer anzubauen und für Anfänger nicht geeignet. Zum Glück hält die Natur eine großartige Alternative bereit: Die Landgurken. Diese lassen sich um einiges einfacher im Garten oder auf dem Balkon anbauen und schmecken sehr ähnlich wie Schlangengurken. Auch die Landgurken mögen es schön warm und sonnig. Vorziehen kann man sie ab Mitte März und herauspflanzen ab Mitte Mai. Hierbei sollten Sie beachten, dass die Pflanze mindestens eine Höhe von 25 cm haben sollte, bevor Sie sie umpflanzen.

Tipp: Wenn Sie die Gurkensamen in die Anzuchttöpfe säen, füllen Sie diese zuerst nur halb mit Anzuchterde und geben Sie immer drei Samen in ein Erdloch. Einer dieser drei Sämlinge wird stärker sein als die anderen und wenn dieser mit seinen Blättern über den Rand des Topfes hinauswächst, entfernen Sie die zwei schwächeren und füllen den Topf mit Erde auf. So bilden sich Adventivwurzeln, die die Pflanze später stützen.

Gurken benötigen so wie Tomaten sehr viel Wasser für die Entwicklung der Früchte. Zudem können Sie ab August jeden Neutrieb, den Sie an der Pflanze entdecken, abschneiden, damit die Pflanze mehr Energie in die Bildung der Früchte steckt. Die Landgurke ist kleiner als die Schlangengurke und hat ihre optimale Größe für die Ernte mit einer Länge von 10 bis 15 cm erreicht. Warten Sie nicht zu lange mit der Ernte, da die Pflanze regelmäßig neue Früchte ausbildet, wenn man die reifen Gurken früh genug erntet.

Tipp: Als Beet-Nachbarn für Gurken eignen sich Dill, Basilikum, Bohnen und Salat und eher ungeeignet sind Radieschen, Tomaten, Kürbis und Zucchini.

Paprika

Paprika sind in den Gärten und auf den Balkonen ähnlich beliebt wie Tomaten. Sie sind sehr lecker und sollten auch in Ihrem Gemüsegarten nicht fehlen. Im Gegensatz zu Tomaten benötigen Paprikapflanzen eher nährstoffarme Erde, um starke Wurzeln bilden zu können. Sowohl die Keimlinge als auch die ausgewachsene Paprikapflanze mögen es sonnig und warm. Wenn Sie Paprika selbst sähen und vorziehen möchten, dann sollten Sie beachten, dass Paprika eine sehr langsam wachsende Pflanze ist. Sähen Sie bereits Ende Februar in die Anzuchtbehälter und pflanzen Sie erst in einzelne Töpfe um, wenn sich neben den Keimblättern das erste Laubblatt bildet.

Tipp: Bevor Sie die Pflanzen ganz herausstellen oder in ein Beet pflanzen, sollten Sie sie eine Zeit lang tagsüber herausstellen, um sie abzuhärten.

Die Paprikapflanzen ganz herausstellen bzw. ins Beet pflanzen sollten Sie erst ab Mitte Mai, wenn der letzte Frost vorüber ist. Paprika direkt in ein Beet auszusäen, würde ich Ihnen nicht empfehlen, da hierbei die Wahrscheinlichkeit sehr hoch ist, dass entweder gar keine Pflanzen keimen oder die Pflanze schnell verkümmert. Auch Paprikapflanzen benötigen Stöcke oder ein kleines Gerüst, damit keine Zweige abknicken oder die Pflanzen umfallen. Damit Ihre Paprikapflanze mehr Ertrag hat, können Sie alle 14 Tage organischen Dünger hinzufügen. Paprika sind vielleicht etwas schwieriger zu handhaben, vor allem, wenn Sie sie selbst vorziehen, aber Sie bedanken sich mit köstlichen Früchten. Also trauen Sie sich!

> **Tipp:** Gute Beet-Nachbarn für Paprika sind Möhren, Tomaten, Gurken und Kohl und ungeeignete Nachbarn sind Rote Beete, Fenchel und Erbsen.

Mangold

Auch wenn viele Menschen Mangold eher mit Spinat in Verbindung bringen, ist er in Wirklichkeit ein enger Verwandter der Roten Beete. Mangold hat in den letzten Jahren sehr an Beliebtheit gewonnen, weil er leicht anzubauen ist und sehr viele Vitamine liefert. Zudem sieht er großartig aus mit seinen kräftigen Farben in rot, orange und grün.

Mangold wird ab Mitte April direkt ins Beet gesät. Sie sollten zwischen den Pflanzen mindestens 40 cm Platz lassen, damit die Pflanze schöne große Blätter entwickeln kann. Sollten Sie dennoch zu dicht stehende Jungpflanzen entdecken, können Sie sie umpflanzen. Mangold ist besonders für Gartenanfänger besonders geeignet, weil er relativ wenig Ansprüche hat und sehr robust ist. Wichtig ist, dass Sie ihn regelmäßig und ausreichend bewässern, da er für die Bildung der großen Blätter viel Wasser benötigt. Die meisten Mangoldsorten kommen sogar mit Frost klar und können so im Beet überwintert werden. Im nächsten Jahr wachsen die Pflanzen dann erneut und bilden Blüten. So können Sie sogar Ihr eigenes Saatgut gewinnen. Bei der Ernte von Mangold ist es wichtig, dass Sie nur die äußersten Blätter abschneiden und dabei ca. 5 cm über der Erde ansetzen. So hat die Pflanze die Möglichkeit, weiterhin neue Blätter auszutreiben.

> **Tipp:** Mangold freut sich über Beet-Nachbarn wie Kohl, Kopfsalat, Erdbeeren, Bohnen, Karotten oder Kresse.

Rote Beete

Rote Beete ist eine Art Rübe und wächst unter der Erde. Sie gehört zu den Fuchsschwanzgewächsen und ist neben dem Mangold auch mit der Zuckerrübe verwandt. Ursprünglich kommt sie aus dem Mittelmeerraum und wurde von den Römern nach Europa gebracht. Rote Beete braucht sehr viel Sonne zur Ausbildung der Knollen und sollte mit Kompost gedüngt werden. Da die Rote Beete sehr lange Wurzeln bildet, sollte der Boden tiefgründig genug sein. Rote Beete wird genau wie Mangold direkt ins Beet gepflanzt. Der beste Zeitpunkt zum Säen ist zwischen April und Juni. Nach ca. drei bis vier Monaten können Sie anfangen, die ersten Knollen zu ernten.

> **Tipp:** Salat, Knoblauch, Kohl oder Gurken sind ideale Beet-Nachbarn und mit Spinat, Mais oder Kartoffeln verträgt sich die Rote Beete nicht sehr gut.

Salat

Salat findet sich in jedem Haushalt. Manchmal nur als Beilage, oft aber auch als Hauptgericht in Form eines bunten Salattellers, ist die Pflanze sehr beliebt. Die vielen unterschiedlichen Sorten bieten schier unendliche Möglichkeiten der Verarbeitung. Und das Beste ist: Er lässt sich wirklich leicht selbst anbauen. Selbst auf dem Balkon können Sie Salatpflanzen das ganze Jahr über mit Vitaminen versorgen. Salat braucht für sein Wachstum vor allem sehr viel Sonne. Hat er einen sonnigen Standort, kann man ihn bis in den Spätherbst hinein anbauen und selbst im Winter noch ernten.

Salat können Sie sowohl direkt ins Beet säen als auch bereits Ende Januar/ Anfang Februar im Haus vorziehen. Die Jungpflanzen können Sie dann ab April ins Beet oder in Pflanzkübel einpflanzen. Beachten Sie, dass Salat ein Leichtkeimer ist. Das bedeutet, dass Sie die Samen nur ganz leicht mit Erde bedecken dürfen, sonst bekommen Sie nicht genug Licht und keimen nicht. Besonders unempfindlich und praktisch ist Pflücksalat. Er ist relativ frostresistent und kann schon sehr früh ausgesät werden. Zudem wächst der Salat immer wieder nach, sodass Sie nicht mehrmals säen müssen, sondern das ganze Jahr über von denselben Pflanzen ernten können. Besonders für Anfänger ist Pflücksalat bestens geeignet, weil er sehr schnell wächst und die ersten Resultate schnell zu sehen sind.

> **Tipp:** Salat freut sich über Nachbarn wie Zwiebeln, Spinat, Möhren oder Radieschen und sollte nicht direkt neben Sellerie oder Petersilie gepflanzt werden.

Spinat

Spinat ist bei Kindern eher unbeliebt, liefert allerdings viele Vitamine und schmeckt zu vielen Gerichten sehr gut. Man kann ihn gekocht oder roh verwenden. Sie sollten allerdings darauf achten, dass manche Leute rohen Spinat nicht sehr gut vertragen. Spinat ist ein Gemüse, das Sie fast das ganze Jahr über ernten können. Beachten Sie, dass Spinat bis zu 30 cm lange Wurzeln bilden kann. Der Boden sollte deshalb gut durchlässig sein und wie die meisten Gemüsesorten braucht auch der Spinat viel Sonne.

Spinat lässt sich ab März sehr gut vorziehen und kann ab Mai ins Beet gepflanzt werden. Sie können Frühjahrsspinat ab Mitte März und Herbstspinat ab September aussäen. Im Hochsommer gelingt Spinat meistens weniger gut. Durch die Hitze wird er bitter und fängt sehr schnell zu blühen an. Im Frühjahr und im Herbst lässt er sich aber sehr leicht anbauen und er kann dann bereits nach zehn bis zwölf Wochen geerntet werden.

Tipp: Pflanzen Sie Spinat neben Kartoffeln, Gurke, Bohnen oder Salat, aber vermeiden Sie Beet-Nachbarn wie Mangold oder Rote Beete.

Zwiebeln

Zwiebeln sind in jeder Küche zu finden. Sie werden in den meisten Gerichten verwendet und können roh, gekocht oder gebraten verzehrt werden. Zudem gelten Zwiebeln als sehr gesund und nahrhaft. Zwiebeln sind im Anbau sehr unkompliziert und brauchen eher wenig Pflege. Achten Sie darauf, dass sich kein Unkraut im Beet ansiedelt, das mögen Zwiebeln nicht. Sie vertragen etwas Wind, das hilft ihnen bei der Abwehr von Schädlingen und fördert das Abtrocknen der Pflanzen. Das verhindert, dass sie faulen.

Für das Pflanzen von Zwiebeln gibt es zwei Möglichkeiten. Sie können entweder Steckzwiebeln ins Beet bringen oder Samen aussäen. Steckzwiebeln können Sie ab April in einem Abstand von 5-10 cm ins Beet stecken. Hierbei müssen Sie darauf achten, dass ein Drittel der Zwiebel aus der Erde schaut. Möchten Sie Zwiebeln vorziehen, dann können Sie dies ab Februar tun. Im April können Sie dann ins Beet gepflanzt werden. Zwiebeln sind besonders pflegeleicht und benötigen nicht sehr viel Wasser.

> **Tipp:** Zwiebeln fühlen sich neben Roter Beete oder Karotten besonders wohl.

Karotten

Karotten sind unheimlich vielseitig. Man kann sie als Rohkostsnack zubereiten oder roh im Salat verwenden. Aber auch gekocht sind Karotten in vielen Gerichten ein wichtiger Bestandteil. Sie liefern viele Vitamine und schmecken vor allem frisch aus dem Garten wunderbar. Karotten vertragen viel Sonne, Sie sollten jedoch darauf achten, dass sie nicht austrocknen. Beachten Sie auch, dass man Karotten nicht vorziehen kann. Sie werden zwischen April und Juni immer direkt in die Erde gesät. Sie sind eigentlich pflegeleicht und deshalb auch für Gartenanfänger bestens geeignet. Beachten Sie, dass Karotten nicht zu viel gegossen werden sollten, weil sie sonst mehr grünes Kraut oberhalb der Erde ausbilden und nicht die Karotte unter der Erde.

> **Tipp:** Bewährt haben sich als Beet-Nachbarn vor allem Zwiebeln. Karotten und Zwiebeln beschützen sich gegenseitig vor den jeweiligen Schädlingen und harmonieren deshalb sehr gut.

Knoblauch

Ebenfalls aus keiner Küche mehr wegzudenken ist der Knoblauch. Er gehört zu den Zwiebelgewächsen und wie die wenigsten wissen, ist er sehr einfach selbst anzubauen. Damit der Knoblauch gut gedeihen kann, sollte das Beet unkrautfrei sein und die Pflanzen sollten viel Sonne abbekommen. Das Einzige, wogegen Sie Ihren Knoblauch immer schützen sollten, ist Staunässe. Das kann er nicht gut vertragen und er fault deshalb sehr schnell. Daher ist die beste Zeit, Knoblauch zu pflanzen, der Herbst. Zwischen September und Oktober geht keine Gefahr mehr von zu heißen Tagen aus, die der Pflanze schaden könnten. Knoblauch kann man ähnlich wie Steckzwiebeln in die Erde stecken. Hierfür nehmen Sie beliebig viele Knoblauchzehen und stecken Sie so in die Erde, dass noch ein kleines Stück herausschaut. Um die Pflanzen im Winter vor Frost zu schützen, können Sie eine dünne Mulchschicht über Ihr Beet verteilen.

> **Tipp:** Knoblauchpflanzen sind die idealen biologischen Schädlingsbekämpfer. Die meisten Schädlinge werden vom Geruch der Pflanze vertrieben und man pflanzt sie deshalb gerne zwischen anderes Gemüse.

Radieschen

Radieschen sind bei Selbstversorgern deshalb so beliebt, weil sie sehr schnell wachsen und kaum Ansprüche haben. Sie können Radieschen zwischen April und August säen und haben so den ganzen Sommer über ein großartiges Gemüse, das sich sehr gut auf vielseitige Weise verarbeiten lässt. Radieschen passen in viele Salate und sind beispielsweise auch als Snack mit etwas Kräuterquark sehr lecker. Sie mögen es halbschattig lieber als direkt in der Sonne und sollten nicht austrocknen. Nach bereits vier bis sechs Wochen sind sie erntereif und können erneut gesät werden.

Tipp: Da Radieschen nicht sehr groß werden und mit relativ wenig zufrieden sind, kann man sie hervorragend zwischen anderes Gemüse säen, um Platz zu sparen.

Buschbohnen

Es gibt zahlreiche unterschiedliche Bohnenarten und die meisten davon kann man sehr gut selbst anbauen. Die Buschbohnen haben den entscheidenden Vorteil, dass sie nicht ranken und man sie deshalb problemlos ohne Gerüst anbauen kann. Außer genügend Sonne haben Buschbohnen kaum Ansprüche und sie eignen sich deshalb hervorragend für unerfahrene Gärtner. Wenn Sie die Pflanzen im Haus vorziehen möchten, können Sie dies ab April machen und die Jungpflanzen dann ab Mitte Mai ins Beet setzen. Sobald die Pflanzen zu blühen beginnen, brauchen sie mehr Wasser, damit sie die Früchte ausbilden können. Nach etwa drei bis vier Monaten können Sie Ihre ersten eigenhändig angebauten Bohnen ernten.

Tipp: Bohnen sind nicht nur sehr pflegeleicht, sondern vertragen sich auch mit sehr vielen anderen Gemüsesorten. Lediglich Knoblauch, Zwiebeln, Lauch und Fenchel sind ungeeignet als Beet-Nachbarn.

MISCHKULTUREN

Eine Mischkultur ist der Anbau von unterschiedlichen Kulturen auf einem Beet. Mischkulturen sehen nicht nur besonders schön aus, sondern die unterschiedlichen Kulturen unterstützen sich auch gegenseitig. Die Nährstoffkonkurrenz ist geringer, weil jede Pflanze andere Nährstoffe benötigt, und Krankheiten und Schädlinge haben es schwerer, weil sie sich nicht so leicht verbreiten können. Zudem kann man bei einer gut angelegten Mischkultur viel Platz im Beet sparen, wenn man Pflanzen mit unterschiedlichen Wuchsrichtungen kombiniert. Zwischen die unterschiedlichen Gemüsekulturen können Sie hübsche Blumen pflanzen. Sie sehen nicht nur schön aus in einem Gemüsebeet, sondern liefern wichtige Nährstoffe an den Boden und locken Bienen und Hummeln an, die dann die Gemüsepflanzen bestäuben.

Wie bereits in den einzelnen Gemüsesteckbriefen erwähnt, gibt es Freundschaften und Feindschaften zwischen den verschiedenen Gemüsesorten. Manche Pflanzen harmonieren miteinander und andere nicht. Das liegt vor allem daran, dass die Stoffwechselprodukte einer Pflanze das Wachstum einer anderen verlangsamen oder sogar behindern können. Andersherum gibt es aber auch Stoffe, die die einen Pflanzen über die Wurzeln in den Boden abgeben und von denen die anderen Pflanzen profitieren. Gelegentlich ist es auch so, dass die eine Pflanze sich positiv auf die andere auswirkt, die andere sich aber negativ auf die erste. Ein gutes Beispiel hierfür sind Karotten und Zwiebeln. Die Zwiebeln beeinflussen das Wachstum der Karotten positiv, aber die Karotten wirken sich negativ auf das Wachstum der Zwiebeln aus. Im Folgenden möchte ich Ihnen ein paar Mischkulturen vorstellen, die sich bewährt haben und sehr gerne angebaut werden.

Tomaten und Basilikum

Tomaten und Basilikum passen nicht nur auf dem Teller hervorragend zusammen, sondern auch im Gemüsebeet. Die Tomaten profitieren von den Wurzelausscheidungen des Basilikums und werden so aromatischer. Die hochwachsende Tomatenpflanze beschützt wiederum das Basilikum vor zu viel Sonneneinstrahlung. Dadurch kann es mehr Blätter ausbilden und sich besser entwickeln als in einem Topf. Zudem tritt keine Wurzelfäulnis beim Basilikum auf, was bei der Pflege in Töpfen häufig zum Tod der Pflanze führt.

Mangold und Ringelblumen

Ringelblumen sind eine beliebte Pflanze zum Schutz von Gemüsekulturen. Sie vertreiben Schädlinge und fördern die Entwicklung der Pflanzen. Der Mangold beschattet mit seinen großen Blättern den Boden und die Blumen können so schneller keimen.

Salat und Erbsen

Mit einer Mischkultur aus Erbsen und Salat kann man vor allem Platz im Beet sparen. Man pflanzt die vorgezogenen Salatpflanzen zwischen die ausgesäten Erbsenreihen und bevor die Erbsen so groß sind, dass sie mit den Salatpflanzen konkurrieren würden, sind diese bereits geerntet.

Gurken und Borretsch

Borretsch ist ein beliebter Beet-Partner für viele Gemüsesorten. Er sieht hübsch aus und lockt Bienen und Hummeln zur Bestäubung an. Borretsch fördert bei Gurken, aber auch bei Erdbeeren die Blütenbildung und sorgt so dafür, dass mehr Früchte entstehen. Zudem ist Borretsch ein Würzkraut, das für Salate, Suppen oder Gemüsegerichte geeignet ist. Die hübschen blauen Blüten machen jeden Salat zu etwas Besonderem.

Der Kompost als Geheimwaffe

Wenn Sie einen Garten anlegen, ist der Kompost mit das Erste, was Sie anlegen sollten. Kompost ist für einen Garten mit Gemüseanbau Gold wert. Es ist nicht schwer, einen Kompost anzulegen, und der Humus, der durch den Komposthaufen entsteht, ersetzt Biodünger jeglicher Art. Kompostbehältnisse kann man in jedem Baumarkt fertig kaufen oder aber Sie bauen einen Kompost selbst. Auch das ist nicht schwer und macht Spaß, wenn man ein wenig handwerkliches Geschick hat.

Der richtige Platz im Garten

Den richtigen Platz im Garten zu finden, wo sich der Kompost gut entwickeln kann und nicht stört, ist nicht immer ganz einfach. Man sollte ihn immer in den Halbschatten bauen, weil zu viel Sonne die Entwicklung des Kompostes negativ beeinflussen kann. Damit sich die kleinen Organismen, die so wichtig für den Kompost sind, ansiedeln können, muss der Kompost unten offen sein. Auch an den Seiten sollte er nicht komplett geschlossen sein, damit genügend Luft an den Inhalt gelangt. Man kann ihn mit einem Hasendraht vor Nagetieren schützen. Achten Sie auch darauf, dass er nicht zu nah an Ihrem Haus oder am Nachbargrundstück steht, damit der Geruch niemanden belästigt.

Einen Kompost anlegen

Das Wichtigste beim Anlegen des Komposts ist das Schichten. Die erste und unterste Schicht sollte aus Ästen und Reisig bestehen. Darauf kommt eine Schicht aus Rasenschnitt, Laub und kleinen Ästen. Die oberste Schicht sollte aus Gartenresten und Küchenabfällen bestehen. Wenn Sie die Bestandteile fertig aufgeschichtet haben, beginnt die Verrottung und nach zehn bis zwölf Monaten können Sie das

Ergebnis des Kompostes als Düngung benutzen.

Schutz vor Wind, Wetter & co.

Besonders Keimlinge und junge Pflanzen sind sehr empfindlich und brauchen besonderen Schutz. Keimlinge sollten niemals Kälte und vor allem nicht Frost ausgesetzt werden. Aber auch Heizungsluft kann schlecht für die Entwicklung der Pflanze sein. Es gibt spezielle Mini-Gewächshäuser, in denen ein gutes Klima für Keimlinge herrscht und sich die Pflanzen sehr gut entwickeln können. Allerdings ist das keinesfalls notwendig. Auch ohne Gewächshaus sollte es Ihnen gelingen, die Samen zum Keimen zu bringen.

Sie können die Töpfchen nach dem Säen mit Frischhaltefolie bedecken, damit ein feucht-warmes Klima herrscht. Dadurch keimen sie schneller. Zudem würde ich nicht empfehlen, die Töpfe direkt auf die Fensterbank zu stellen. Vielleicht haben Sie einen Platz, wo viel Sonnenlicht hinkommt, die Pflanzen aber nicht direkt über der Heizung stehen.

Wenn Sie Ihre Jungpflanzen ins Beet setzen oder in Pflanzkübel, dann können Sie sie mit einem Pflanzenfließ oder einer Schutzhaube gegen Frost schützen. Auch gegen Schädlinge gibt es hilfreiche Netze, die die Wahrscheinlichkeit eines Befalls verringern. Zudem sollten Sie hochwachsende Pflanzen immer gut stützen, damit sie nicht von einer Windböe umgeknickt werden. Sie können Stützkonstruktionen wie Pflanzengitter im Baumarkt kaufen oder aber aus natürlichen Materialien selbst basteln.

KRANKHEITEN IM GEMÜSEBEET

Leider bleiben wie wir Menschen auch die Pflanzen nicht vor Krankheiten verschont. Die Ursachen für diese können sehr unterschiedlich sein und meistens ist sehr schwer, einen Krankheitsbefall zu verhindern, wenn die Bedingungen für die Ausbreitung gegeben sind. Im Folgenden stelle ich Ihnen die häufigsten Krankheiten vor und gebe Ihnen Tipps, wie Sie sie verhindern oder behandeln können.

Echter und falscher Mehltau

Als Mehltau bezeichnet man einen weißen Belag auf den Blättern einer Gemüsepflanze. Mehltau ist eine Sammelbezeichnung für verschiedene Pilze, die Gemüsepflanzen befallen können. Echter Mehltau bildet sich auf der Blattoberseite und befällt die Pflanze nur oberflächlich. Falscher Mehltau dringt tiefer in die Pflanze ein und man sieht ihn meistens zuerst auf der Blattunterseite.

Echten Mehltau nennen Gartenkenner auch den „Schönwetterpilz", weil er sich bei warmem Wetter ausbreitet. Man erkennt ihn am besten daran, dass sich der weiße Belag auf den Blättern abwischen lässt. Zudem befällt er nicht alle Gemüsepflanzen, sondern nur Gurken, Zucchini, Kürbis, Karotten und Schwarzwurzeln.

Falscher Mehltau bildet sich als grauer Pilz auf der Blattunterseite und wird später in Form von gelben Flecken auf der Blattoberseite sichtbar. Er befällt ebenfalls Kürbisse und Zucchini, aber auch

Rettich, Spinat, Salat und Zwiebeln.

Meine Tipps gegen Mehltau:

- Wählen Sie von vornherein mehltauresistente Sorten
- Bewässern Sie morgens oder, wenn später am Tag, nur unterhalb der Blätter
- Setzen Sie die Pflanzen nicht zu nah aneinander
- Jäten Sie regelmäßig Unkraut
- Mulchen Sie den Boden

Sollte sich trotz dieser Maßnahmen dennoch Mehltau in Ihrem Garten bilden, dann habe ich noch ein Rezept für eine Medizin, die Sie auf die Blätter der Pflanzen sprühen können.

Rezept:

Nehmen Sie Ackerschachtelhalm oder Ackerschachtelhalmpulver und weichen Sie ihn einen Tag lang in ausreichend Wasser ein. Danach kochen Sie die Flüssigkeit eine halbe Stunde lang auf und sieben die Pflanzen anschließend ab. Diese Brühe sollten Sie in einem Verhältnis von 1:5 mit Wasser mischen und in eine Sprühflasche füllen. Besprühen Sie die Blätter der Pflanzen gleichmäßig.

Hilft dies alles nicht und es bildet sich Mehltau, dann sollten Sie die befallenen Blätter der Pflanzen entfernen und kompostieren. Der Pilz stirbt im Kompost ab und verbreitet sich nicht. Ist eine Pflanze besonders stark befallen, sollten Sie sie komplett kompostieren. Das kann manchmal sehr frustrierend sein, ist aber notwendig, damit die anderen Pflanzen nicht auch befallen werden.

Blütenendfäule

Hierbei handelt es sich um eine Mangelerscheinung der Tomatenpflanze, die noch behandelt werden kann, wenn man sie früh genug erkennt. Bei Blütenendfäule sieht die Pflanze an sich normal aus, es bilden sich erst an den Früchten rund um den Blütenansatz braune Stellen.

Diese braunen Stellen entstehen durch Calciummangel, dem Sie mit verschiedenen Methoden entgegenwirken können. Die erste Möglichkeit ist über die Wasserzufuhr. Haben Sie Ihre Pflanzen bisher eher wenig gegossen, kann mehr Wasserzufuhr helfen. Haben Sie Ihre Pflanzen sehr viel gegossen, kann auch eine Reduktion der Wasserzufuhr helfen. Lassen Sie Ihre Pflanzen aber nicht austrocknen, das vertragen Tomaten gar nicht. Zudem ist es häufig so, dass die Blütenendfäule nur die ersten Früchte betrifft und die späteren Früchte nicht befallen sind. Möchten Sie allerdings nicht warten, können Sie im Fachhandel einen speziellen Blattdünger erwerben, der direkt auf die Blätter gesprüht wird.

Kraut- und Braunfäule

Eine besonders hartnäckige Krankheit, die Tomaten, aber auch Kartoffeln befallen kann, ist die Kraut- und Braunfäule. Man bemerkt sie als Erstes an braunen Flecken an Stängeln und Blättern und später werden diese auch an den Früchten sichtbar.

Sie können dieser Krankheit bei Tomaten am besten vorbeugen, wenn Sie die Pflanzen regengeschützt anbauen. Das verhindert viel Feuchtigkeit und der Pilz kann sich nicht ausbreiten. Sie sollten zudem nie von oben, sondern immer nur von unten gießen. Außerdem kann es helfen, die Blätter der Pflanzen von unten her bis zu den ersten Früchte tragenden Zweigen zu entfernen. Wurden Ihre Tomaten dennoch befallen, dann reinigen Sie die Stäbe und Gitter gründlich, bevor Sie sie im nächsten Jahr für neue Pflanzen wiederverwenden. Auch die Erde, in der die befallenen Pflanzen gewachsen sind, sollten Sie im nächsten Jahr nicht wiederverwenden.

Bei Kartoffeln nennt man diese Krankheit meist Kraut- und Knollenfäule. Es ist allerdings derselbe Pilz und auch die Symptome sind ähnlich. Da Kartoffeln großflächig unter freiem Himmel angebaut werden, kann man sie nicht vor Regen schützen, man kann die Kultur aber mit einer stärkenden Brühe aus Rhabarber oder Algen bespritzen.

Kohlhernie

Kohlhernie ist eine Krankheit, die leider tief im Boden verankert ist. Ein bestimmter Pilz ist der Auslöser und überlebt in der Erde bis zu 20 Jahre lang. Alle Kohlsorten und einige Kreuzblütler können von diesem Pilz befallen werden und bilden infolgedessen unkontrollierte knollenartige Auswüchse an den Wurzeln. Dadurch kann in den meisten Fällen die Pflanze nicht mehr ausreichend mit Wasser versorgt werden und sie stirbt ab.

Es gibt leider wenig, was man gegen diese Krankheit tun kann, außer, von vornherein resistente Sorten auszuwählen und den Boden regelmäßig aufzulockern. Auch Staunässe in Ihrem Beet sollten Sie vermeiden. Sollten Sie bemerken, dass eine Ihrer Pflanzen befallen ist, graben Sie diese sofort aus und entsorgen Sie sie im Restmüll.

Rost

Als Rost werden rötliche Flecken und Pusteln auf den Blättern einer befallenen Pflanze bezeichnet. Sie bilden sich durch einen bestimmten Pilzbefall und jeder Gärtner kennt sie. Man kann wenig vorbeugen, um den Befall zu vermeiden, außer, eine zu dichte Bepflanzung zu vermeiden, aber auch, wenn Ihr Gemüse befallen sein sollte, ist diese Krankheit nicht weiter schlimm. Sie entfernen einfach die befallenen Blätter und entsorgen sie. Der Rest der Pflanze entwickelt sich dann normal weiter. Generell können nur Zwiebelgewächse, Mangold und Salat von dieser Krankheit befallen werden.

Brennfleckenkrankheit

Von dieser Krankheit betroffen sind Bohnen und Erbsen. Auch hier ist ein Pilz der Auslöser, der mehrere Jahre überleben kann. Die Krankheit ist gut zu erkennen, weil sich sehr auffällige braune und gelbe Flecken auf den Blättern bilden. Diese sinken im Blatt ein und sehen deshalb wie eingebrannt aus. Damit sich diese Krankheit überhaupt ausbreiten kann, müssen die Blätter bei warmem Wetter lange nass sein.

Wie bei den meisten Pflanzenkrankheiten

können Sie dem Ausbruch am besten entgegenwirken, wenn Sie resistente Sorten auswählen. Zudem sollten Sie befallene Pflanzen sofort aus dem Beet entfernen und im Restmüll entsorgen, damit keine weiteren Pflanzen angesteckt werden.

Umfallkrankheit

Hierbei handelt es sich um eine Krankheit, von der jeder Sämling befallen werden kann. Die kleinen Pflanzen lassen dann von heute auf morgen den Kopf hängen oder fallen flach um. Auch hier ist wieder ein Pilz schuld, der im Boden lebt. Dieser Pilz fühlt sich besonders wohl, wenn es sehr feucht ist und eine schlechte Luftzirkulation herrscht. Deshalb sollten Sie bei Sämlingen unbedingt Staunässe vermeiden und die kleinen Pflanzen weit genug auseinandersetzen. Denn ist ein Sämling einmal befallen, gibt es keine Rettung.

Gurkenmosaikvirus

Dieser Virus befällt Kürbisse, Gurken und Zucchini. Man erkennt die Krankheit an gelblichen Verfärbungen auf den Blättern, die meist mosaikartig verlaufen. Der Virus wird durch Blattläuse übertragen, weshalb die einzige Möglichkeit, die Pflanzen vor dem Virus zu schützen, ist, sie vor Blattläusen zu schützen. Befallene Pflanzen müssen auf jeden Fall entfernt und entsorgt werden.

Grauschimmel

Grauschimmel ist wahrscheinlich die häufigste Krankheit bei einer Vielzahl von Pflanzen. Nicht nur Gemüse, sondern auch Obst kann von ihr befallen werden. Starke und gesunde Pflanzen sind relativ resistent gegen den Pilzbefall, aber schwache und verletzte Pflanzen können nicht gegen den Pilz ankämpfen. Verbreitet werden die Sporen des Pilzes durch den Wind und durch spritzendes Wasser. Achten Sie deshalb darauf, dass Sie Ihre Pflanzen immer bodennah gießen und großflächiges Spritzen vermeiden. Die befallenen Pflanzenteile müssen von der Pflanze entfernt und entsorgt werden. Der Pilz kann sich sehr leicht weiterverbreiten, deshalb achten Sie darauf, dass Sie alle befallenen Blätter restlos entfernen.

Einen Garten anlegen

Einen funktionierenden und ertragreichen Garten anzulegen, bedeutet viel Planung im Voraus. Aber natürlich ist das Wichtigste, diesen Plan in die Tat umzusetzen. Wenn Sie sich also Gedanken darüber gemacht haben, was in Ihrem Garten wachsen soll und wie Sie diesen bewirtschaften möchten, dann sollten Sie nun damit beginnen. Es gibt zu jeder Jahreszeit Gemüsesorten, die Sie pflanzen können. Sie können also getrost jedes Wenn und Aber zur Seite schieben und direkt damit beginnen.

EIN BEET ANLEGEN

Nachdem Sie Ihren Garten eine Weile beobachtet haben, wissen Sie nun, wo am meisten Sonne hinkommt und welche Teile eher im Schatten liegen. Suchen Sie sich also eine sonnige Stelle in Ihrem Garten aus, die Sie gut erreichen können, um Ihr Beet zu gießen und sich um Ihre Pflanzen zu kümmern. Zudem sollten Sie darauf achten, dass dieser Teil des Gartens windgeschützt, aber nicht windstill ist. Es ist ebenfalls hilfreich, wenn der Komposthaufen nicht zu weit entfernt ist, und auch ein Wasseranschluss sollte in unmittelbarer Nähe sein. Auch die Bodenbeschaffenheit spielt eine wichtige Rolle, wenn Sie ein Beet anlegen wollen. Informieren Sie sich deshalb zu der Bodenbeschaffenheit in Ihrer Region, um herauszufinden, ob Sie gegebenenfalls Humus und andere Materialien beim Anlegen in den Boden einarbeiten müssen. Im Folgenden möchte ich Ihnen mehrere Möglichkeiten vorstellen, ein Beet anzulegen.

Schritt für Schritt zum Hochbeet

Hochbeete sind deshalb so beliebt, weil sie verhältnismäßig hohe Erträge bringen und im Gegensatz zu ebenerdigen Beeten leichter zu bewirtschaften sind.

Besonders auch für Gartenanfänger ist es keine schlechte Idee, erst einmal ein paar Hochbeete zu bewirtschaften. Auch wenn es viele verschiedene Arten von Hochbeeten im Fachhandel fertig zu kaufen gibt, ist es gar keine schlechte Idee, den Aufwand auf sich zu nehmen und selbst eines zu bauen. Zum einen sind Hochbeete aus dem Fachhandel oft sehr teuer und zum anderen können Sie ein selbst gebautes Hochbeet von den Maßen her viel besser an Ihre eigenen Bedürfnisse anpassen. Suchen Sie einen möglichst sonnigen Platz für Ihr Hochbeet aus. Der Boden sollte eben sein und vielleicht haben Sie ja eine Hecke in Ihrem Garten, in deren Nähe das Beet etwas windgeschützt ist.

Das Grundgerüst besteht aus Eckpfeilern und Holzdielen als Verkleidung. Besonders gut eignen sich Terrassendielen, weil diese sehr stabil und haltbar sind. Die Fläche, auf der Ihr Hochbeet später stehen soll, muss eingeebnet werden, damit das Hochbeet gerade und ordentlich wird. Dann können Sie an dieser Stelle ein dünnes, wasserdurchlässiges Gartenvlies auslegen und mit vier Dielen, die Sie auf den Boden legen, markieren, wo Ihr Beet genau stehen soll. Als Nächstes bringen Sie mit einem

Vorschlaghammer die ersten zwei Eckpfosten in den Boden. Spitzen Sie diese zuvor mit einer Säge oder einem Beil an. Damit das Beet nachher auch wirklich gerade steht, sollten Sie die Eckpfeiler mit einer Wasserwaage überprüfen.

Tipp: Wenn die ersten zwei Pfosten im Boden sind, schrauben Sie eine Dachlatte knapp unter die Oberkante der Pfosten. Diese vereinfacht Ihnen das Anlegen der Wasserwaage.

Dann können Sie das erste Brett der unteren Reihe anbringen. Nutzen Sie hierfür unbedingt rostfreie Schrauben, damit Ihr Hochbeet so lange wie möglich witterungsresistent bleibt. Achten Sie beim Anschrauben der ersten Bretter darauf, dass Sie ca. 2 cm Platz zum Boden lassen. Wiederholen Sie die Prozedur für die weiteren Eckpfosten und schrauben Sie jeweils das unterste Brett an.

Tipp: Wenn Sie wie empfohlen Terrassendielen verwenden, erleichtert es die Arbeit ungemein, wenn Sie die Löcher für die Schrauben vorbohren. Terrassendielen sind aus sehr hartem Holz und das direkte Reindrehen der Schrauben in die Dielen könnte sehr schwierig sein.

Im nächsten Schritt sollten Sie Ihr Beet vor Nagetieren schützen. Hierzu schneiden Sie ein ausreichend großes Stück Maschendraht aus und legen es in die Umrandung Ihres Hochbeetes auf das Gartenfließ. Am besten können Sie den Draht mit einem Tacker befestigen. Danach können Sie die weiteren Seitenbretter des Beetes festschrauben. Je nachdem, wie lang Ihr Hochbeet wird, sollten Sie noch Mittelpfeiler in den Boden bringen. Denken Sie daran, vorher eine passende Aussparung in den Maschendraht zu schneiden. Die Pfeiler sollten Sie anbringen, bevor Sie die restlichen Bretter befestigen. Lassen Sie stets eine kleine Fuge zwischen den Seitenbrettern, damit genügend Luftzirkulation herrscht. Das oberste Brett sollte bündig mit den Kanthölzern abschließen. Sollten die Pfeiler überstehen, sägen Sie diese ebenfalls bündig ab. Damit die Holzkonstruktion nicht fault, sollten Sie nun die Wände des Beetes von innen mit einer Teichfolie auskleiden. Hierfür schneiden Sie ein passendes Stück Folie für die Wände zu und lassen es jeweils oben und unten 10 cm überstehen. Befestigen Sie die Teichfolie von innen lediglich mit Tackernadeln an den Eckpfeilern, damit sie so wenig Falten wie möglich schlägt. Um die Folie richtig zu befestigen, schneiden Sie vier Dachlatten so zu, dass Sie zwischen die Eckpfeiler der Konstruktion passen. Schrauben Sie sie samt der Folie mit mehreren Schrauben an die Oberkante der Bretter. Wenn die Dachlatten bündig befestigt sind, schlagen Sie die überstehende Teichfolie über die Latten und befestigen sie mit dem Tacker. Jetzt falten Sie das überstehende Vlies rund um das Hochbeet nach innen und legen Steine darauf. Nun ist Ihr Hochbeet fertig zum Befüllen.

Tipp: Damit das Beet optisch schöner aussieht, können Sie noch einen waagerechten Rahmen auf die Oberkante des Beetes schrauben. Hierfür können Sie ebenfalls die stabilen Terrassendielen verwenden. Der Rahmen sieht nicht nur gut aus, sondern kann auch als Stützhilfe genutzt werden, wenn Sie Ihr Beet bepflanzen und pflegen. Zudem erschwert es gierigen Schnecken den Weg zu Ihren Gemüsepflanzen.

Wenn die Konstruktion steht, dann haben Sie das meiste schon geschafft. Jetzt müssen Sie das Hochbeet nur noch richtig befüllen, damit Ihre Gemüsepflanzen gut gedeihen und Sie eine ertragreiche Ernte haben. Die Füllung eines Hochbeetes besteht aus vier Schichten, die die Pflanzen später mit wichtigen Nährstoffen versorgen. Befüllen Sie das Beet zuerst mit einer Schicht aus Ästen und Zweigen. Diese können Sie einfach in Ihrem Garten oder in einem nahegelegen Wald oder Park sammeln.

Tipp: Wer es sich einfacher machen will, kann auch gekaufte Holzhäcksel als unterste Schicht verwenden.

Die zweite Schicht sollte aus Laub und Rasenschnitt bestehen. Sie können auch Pflanzenreste in diese Schicht einarbeiten, wenn Sie gerade Blumen oder Büsche beschnitten haben. Die dritte Schicht sollte aus Kompost bestehen. Sie sehen, es lohnt sich, einen Komposthaufen frühzeitig anzulegen. Man braucht das Material überall im Garten. Die oberste Schicht sollte aus hochwertiger Pflanzenerde bestehen. Sie können auch Kokosfasererde mit einarbeiten. Diese mögen Gemüsepflanzen besonders gerne. Mit diesen vier Schichten ist Ihr Hochbeet bestens auf die nächste Aussaat vorbereitet. Jetzt müssen Sie nur noch entscheiden, was im ersten Jahr in Ihrem Hochbeet wachsen soll. Durch die optimale Nährstoffversorgung gedeihen die meisten Gemüsesorten sehr gut in Hochbeeten, aber auch ein Kräuterbeet lässt sich hervorragend dort unterbringen.

Schritt-für-Schritt-Anleitung: Ein ebenerdiges Gemüsebeet anlegen

Ebenerdige Gemüsebeete haben den Vorteil, dass man sie großflächiger anlegen kann und mehr Platz für viele Pflanzen zu Verfügung steht. Zudem möchte ich Ihnen eine Methode vorstellen, ein Beet anzulegen, bei der Sie keinen Zentimeter Land umgraben müssen. Diese Methode hat bei vielen Kleingärtnern an Beliebtheit gewonnen, weil man sich das anstrengende Umgraben der Fläche spart und zudem den Boden nicht zerstört. Während man beim Umgraben die vielen kleinen Organismen im Boden völlig durcheinanderbringt und dem Erdreich so enorm schadet, ist die Methode ohne Umgraben viel schonender für Ihren Garten. In nur einer Handvoll Gartenerde sind mehr Organismen als Menschen auf unserem gesamten Planeten. All diese Organismen unterstützen Ihre Pflanzen und durch das Umgraben wird ihre Ordnung im Boden völlig durcheinandergebracht. Die Mikroorganismen, die normalerweise in den oberen Bodenschichten leben, werden nach unten gegraben und die Mikroorganismen aus den unteren Bodenschichten befinden sich dann an der Oberfläche. Der Lebensraum dieser wichtigen Kleinsthelfer in Ihrem Garten wird so enorm angegriffen. In einem Biogarten ist es allerdings oberstes Gebot, dem Boden so wenig wie möglich zu schaden. Man möchte mit und nicht gegen die Natur wirtschaften. Im Folgenden stelle ich Ihnen eine Methode vor, bei der der Boden nicht beschädigt wird und Sie zudem mit viel weniger Unkraut in Ihren

Beeten zurechtkommen müssen.

Bevor Sie anfangen, sollten Sie sicherstellen, dass Sie alles zuhause haben, was Sie benötigen. Sie brauchen, ausreichend für die gewünschte Beetfläche, unbedruckte Pappe, um Sie auf der Beetfläche auszulegen, zudem genügend Kompost und hochwertige Gartenerde. Außerdem brauchen Sie gehäckseltes Schnittgut von Sträuchern und Bäumen und ausreichend Rasenkante. Rasenkante ist ein dünnes verzinktes Blechband zum Einfassen des Beetes. Legen Sie sich an Werkzeugen eine Schaufel, eine Grabgabel und einen Spaten bereit.

Erster Schritt: Lassen Sie Gras drüber wachsen

Gute Nachrichten: An der Stelle, an der Sie Ihr Beet anlegen möchten, brauchen Sie erst einmal nicht mehr mähen. Für das Anlegen des Beetes ist es nämlich von Vorteil, wenn das Gras länger ist. Die Fläche wird mit Pappe belegt und, wenn der Rasen kurz ist, kann er leichter durch die Pappe durchwachsen.

Zweiter Schritt: Pappe auslegen

Im nächsten Schritt legen Sie die gesamte Fläche, die Ihr Beet werden soll, mit unbedruckter Pappe aus. Achten Sie auch darauf, dass Sie alle Klebebandreste entfernt haben.

Tipp: Fragen Sie nach Pappe in Geschäften, die sehr große Produkte verkaufen. Beispielsweise bekommen Fahrradläden ihre Ware in sehr großen Kartons geliefert.

Dritter Schritt: Kompost und Erde

Verteilen Sie nun eine ca. 15 cm dicke Schicht aus Kompost und hochwertiger Gartenerde auf der Pappe. Sie können auch nur Kompost verwenden, wenn Sie genügend haben. Sollten Sie keinen Kompost haben, können Sie im lokalen Kompostwerk welchen kaufen oder nur Erde für Ihr Beet verwenden.

Vierter Schritt: Pflanzen

Ihr Beet ist nun tatsächlich schon bereit, bepflanzt zu werden. Sie können nun Ihre vorgezogenen Jungpflanzen einsetzen oder direkt im Beet säen.

Fünfter Schritt: Mulchen

Wenn Ihre Pflanzen ca. handhoch gewachsen sind, sollten Sie eine Schicht Holzschnitzel auf dem Beet rund um die Pflanzen herum verteilen. Das gewährt ihnen zusätzlich Schutz.

WICHTIGE TIPPS FÜR DIE AUSSAAT

Viele großartige Gemüsesorten können Sie vorziehen, damit Sie bereits Anfang des Sommers das erste Gemüse ernten können. Das Vorziehen verringert nicht nur die Wartezeit, sondern beschützt die jungen Pflanzen auch vor Frost und Wind. Andere Pflanzen säen Sie direkt ins Gemüsebeet. Im Folgenden möchte ich Ihnen einige wertvolle Tipps geben, was Sie beim Säen und beim Vorziehen beachten sollten.

Das richtige Behältnis zum Vorziehen:
Im Fachhandel erhalten Sie extra Gefäße, um Pflanzen auf der Fensterbank vorzuziehen. Es gibt viele verschiedene Formen und Materialien. Besonders praktisch sind kleine Gefäße aus natürlichen Materialien, die Sie einfach so ins Beet setzen können, ohne die Pflanze pikieren oder umtopfen zu müssen. Oft werden dabei nämlich Wurzeln beschädigt. Die Behälter aus dem Fachhandel sind allerdings meist sehr teuer, weshalb ich ein Fan davon bin, alltägliche Materialien zu recyceln.

Beispielsweise können Sie Eierkartons aufheben oder Klopapierrollen.

Auch Gemüseverpackungen oder Kaffeebecher eignen sich hervorragend.

Welche Erde eignet sich am besten?

Es empfiehlt sich, zum Aussäen spezielle Anzuchterde zu verwenden, weil diese nicht so viel Nährstoffe enthält wie normale Erde. Dadurch bringt man die Samen schneller zum Keimen und Wachsen, weil sie nach Nahrung im Boden suchen. Alternativ eignet sich auch Kokoserde oder Kokosquelltabletten.

Wärme, Wasser und Licht

Sorgen Sie dafür, dass Ihre Samen in der Erde immer schön feucht sind. Zudem sollten Sie an einem warmen Platz stehen und genügend Licht abbekommen. Es gibt kleine Minigewächshäuser, die man sich prima ins Wohnzimmer stellen kann. Wenn Sie nicht extra etwas kaufen möchten, gibt es auch einige Möglichkeiten, die optimalen Bedingungen zu schaffen, ohne unnötig Geld auszugeben. Beispielsweise können Sie die Töpfchen einfach mit Folie abdecken.

Licht- oder Dunkelkeimer?

Informieren Sie sich über die Pflanzen, die Sie säen

wollen. Manche Samen müssen tiefer in die Erde gebracht werden als andere. Es gibt Samen, die nur keimen, wenn Sie genügend Licht abbekommen und manche keimen nur, wenn man sie drei bis fünf Zentimeter tief in die Erde steckt.

Im Freiland aussäen

Einige Gemüsearten können Sie ohne Probleme direkt im Freiland aussäen. Hierbei ist es besonders wichtig, dass Sie darauf achten, wie frosthart die jeweiligen Sorten sind. Viele Gemüsesorten können erst nach den Eisheiligen im Mai ausgesät und einige können bereits früher direkt ins Beet gesät werden. Achten Sie auch darauf, welche Angaben auf dem Tütchen mit Ihrem Saatgut stehen. Sie dürfen die Reihen nicht zu nah aneinanderlegen und auch die einzelnen Pflanzen benötigen genügend Platz in der Reihe.

DIE BEWÄSSERUNG VON GEMÜSEBEETEN

In den letzten Abschnitten haben Sie einiges über die Pflege von Gemüsepflanzen gelernt und darüber, wie Sie sie am besten mit wichtigen Nährstoffen versorgen können. Genauso wichtig wie die Bodenbeschaffenheit und das richtige Pflanzen ist aber auch die Bewässerung. Gerade in den letzten Jahren sind die Sommer bei uns immer heißer geworden und es gab lange Trockenperioden. In solchen Zeiten geht es leider sehr schnell, dass Ihre Gemüsepflanzen nicht genug Wasser im Boden finden und vertrocknen. Zu wenig Wasser kann zu einer weniger ertragreichen Ernte und im schlimmsten Fall zum Tod Ihrer Pflanzen führen. Deshalb sollten Sie ein besonderes Augenmerk auf die Bewässerung Ihres Gartens haben.

Mittlerweile gibt es viele Arten von automatischen Bewässerungsanlagen, die Sie im Handel erwerben können. Diese sind allerdings sehr teuer und es bedarf einer komplizierten Installation. Je nachdem, wie groß Ihr Garten werden soll, könnte sich das zu einem späteren Zeitpunkt lohnen. Für den Anfang reicht es aber völlig aus, auf eine Gießkanne zurückzugreifen. Vielleicht haben Sie auch einen langen Gartenschlauch, den Sie bis zu Ihrem Beet legen können.

Auch beim Gießen kann man Fehler machen, die fatal für Ihre Pflanzen enden können. Generell mögen es die meisten Gemüsepflanzen nicht, wenn man sie von oben gießt. Die Blätter sollten beim Gießen nicht nass werden und das Wasser sollte nicht zu sehr spritzen. Durch Spritzwasser und nasse Blätter können sich Krankheiten besser verbreiten. Zudem ist der beste Zeitpunkt zum Gießen direkt morgens. Die Pflanzen werden mit ausreichend Flüssigkeit für den Tag versorgt und die Sonne ist noch nicht so heiß, dass viel des Wassers verdunstet. Zudem werden die gefürchteten Schnecken erst gegen Abend so richtig aktiv und bis dahin ist das meiste des Wassers wieder getrocknet. Verwenden Sie zum Bewässern Ihrer Beete Regenwasser, das ist umsonst und besonders natürlich.

GEWÄCHSHÄUSER – EIN PARADIES FÜR VIELE PFLANZEN

Ein Gewächshaus im Garten zu haben, ist praktisch und kann Ihnen helfen, eine gute Ernte einzufahren. Es gibt einige besonders wärmeliebende Pflanzen, wie Tomaten, Paprika, Zucchini, Kürbisse oder Melonen. Ja, richtig gelesen. Sie können sogar Wassermelonen in einem Gewächshaus anbauen. Im Fachhandel gibt es fertige Gewächshäuser zu kaufen. Die Anschaffung ist etwas teurer, lohnt sich für Selbstversorger aber auf jeden Fall. Wer nicht gleich ein Gewächshaus kaufen möchte, kann auch relativ leicht eines selbst bauen. Das hört sich viel schwieriger an, als es ist. Sie benötigen lediglich Dachlatten und eine lichtdurchlässige Folie aus dem Baumarkt. Je nachdem, wie groß Sie Ihr Gewächshaus bauen möchten, errichten Sie eine Holzkonstruktion aus Latten und tackern die Folie an den Latten fest.

Tipp: Vergessen Sie nicht, beim Planen und Bauen Ihres Gewächshauses an einen oder mehrere Wege zu denken, damit Sie Ihre Pflanzen auch gießen und pflegen können.

Auch, wenn das Gewächshaus dafür da ist, den Pflanzen eine warme Umgebung zu schaffen, kann es an heißen Tagen in einem Gewächshaus schnell zu warm werden. Achten Sie deshalb darauf, dass Sie stets gut lüften. Zusätzlich kann man auch eine schattenspendende Folie über das Dach legen.

Legen Sie los!

Sie sind nun bestens ausgerüstet für den Start Ihres eigenen Selbstversorgergartens. Sie haben gelernt, wie man einen Garten plant und wie man ihn anschließend anlegt. Sie wissen Bescheid über die Bedürfnisse einzelner Pflanzen und darüber, wie Sie Krankheiten im Gemüsebeet bekämpfen können. Sie können Ihren eigenen Bedarf an Gemüse und Obst berechnen und haben herausgefunden, was in Ihrem Garten alles wachsen soll. Sie haben sich die Zeit genommen, all diese Informationen zu lesen, weil in Ihrem Inneren ein Bedürfnis schlummert. Gartenarbeit kann so viel mehr sein als nur „Arbeit". Sie schafft einen guten Ausgleich zu einem stressigen Büroalltag und verschafft Ihnen sinnvoll genutzte Zeit in der Natur. Die Zeit, die Sie in Ihrem Garten verbringen, verbringen Sie auch mit sich selbst. Sie haben Zeit, nachzudenken und den Kopf freizubekommen. Sie haben Zeit zum Durchatmen und können gleichzeitig dabei zusehen, wie sich mit Ihrer Hilfe etwas Wunderbares entwickelt. Es ist Ihnen überlassen, ob Sie den Garten als Ihren persönlichen Ruhepol nutzen oder ob Sie aus dem Gärtnern vielleicht auch eine Familienaktivität machen.

Es kann unheimlich Spaß machen, gemeinsam an etwas zu arbeiten und gemeinsam die Früchte dieser Arbeit zu ernten. Der allerwichtigste Schritt ist jetzt nur noch, anzufangen. Schieben Sie Zweifel und jedes Wenn und Aber zur Seite und packen Sie es an. Jeder Traum ist es wert, ihn zu verwirklichen. Und jeder einzelne Traum existiert allein dafür, ihn zu verwirklichen. Es liegt allein in Ihrer Hand, was Sie mit dem gerade erworbenen Wissen anfangen. Belassen Sie es bei der schönen Theorie oder ernten Sie bereits im nächsten Sommer eigene Tomaten und Paprika aus Ihrem Garten?

Viel Spaß im Garten!

Herstellung und Verlag:

BoD – Books on Demand, Norderstedt

ISBN: 9783752606119

© Emilia Busch 2020

1. Auflage

Kontakt: Psiana eCom UG/ Berumer Str. 44/ 26844 Jemgum

Covergestaltung: Fenna Larsson

Coverfoto: depositphotos.com